CHERVIN AÎNÉ

FONDATEUR DE L'INSTITUT DES BÈGUES DE PARIS

MONUMENT INAUGURÉ A BOURG-DE-THIZY
LE 11 MAI 1899

Claudius CHERVIN Aîné

Né a bourg-de-thizy le 4 aout 1824

décédé a paris le 23 décembre 1896

Claudius CHERVIN Ainé

UN HOMME UTILE

ESQUISSE BIOGRAPHIQUE

PAR

Aimé VINGTRINIER

BIBLIOTHÉCAIRE EN CHEF DE LA VILLE DE LYON

OFFICIER DE L'INSTRUCTION PUBLIQUE

1899

AVANT-PROPOS

Un modeste instituteur primaire, ayant connu toutes les détresses, souffert de toutes les privations, rencontra un jour un pauvre enfant, affligé d'une de ces infirmités qui vous ferment toutes les carrières. L'enfant était bègue ; sa langue était embarrassée et chaque parole qu'il essayait de prononcer lui attirait les railleries de ses camarades.

L'instituteur fut ému. Il s'attacha au petit martyr ; le protégea, l'encouragea et se demanda si on ne pourrait pas le soulager ?

Il essaya. Mais que d'efforts et de dévouements ne fallut il pas au maître ? Que de soumission et de confiance ne fallut-il pas à l'enfant ?

Car, savait-on où on allait ?

Le bégaiement avait-il été jamais guéri ? Avait-on des méthodes, un système pour combattre cette infirmité ? L'instituteur n'en savait rien , il ne connaissait rien ; et cependant, rien ne l'arrêta. Il se voua énergiquement à son œuvre ; sacrifia son temps, sa peine, ses loisirs ; inventa, créa et réussit.

C'est l'histoire de ce sublime dévouement que je veux faire ; ce sont ces premiers essais que je veux raconter ; essais qui ont eu de si brillants résultats et qui ont été couronnés d'un succès que personne n'eût pu prévoir.

Premiers pas hésitants, chancelants, qui ont conduit le jeune maître à tout ce que l'homme le plus ambitieux peut désirer : à l'estime universelle, à l'amitié dévouée de ceux qui l'ont connu.

Voyons donc ce qu'a été Chervin.

CLAUDIUS CHERVIN AINÉ

Au milieu des montagnes qui séparent le bassin du Rhône du bassin de la Loire, entre Roanne et Tarare, que l'industrie a rendues célèbres et non loin de Lyon et de Villefranche qui, comme ces deux villes,doivent la fortune au génie commercial de leurs habitants, s'étend la ville de Thizy autrefois solidement fortifiée sur la crête aiguë d'une colline et celle de Bourg de Thizy assise au pied, mais en dehors des remparts.

Toutes deux ont demandé aux usines et aux manufactures l'aisance que l'agriculture ne pouvait pas facilement leur donner.

Comme leurs grandes sœurs Saint-Quentin, Rouen, Mulhouse, ies deux Thizy travaillent, filent, tissent, font du commerce et montrent comment on triomphe des obstacles avec de l'intelligence, du courage et de l'activité.

Mais cette ruche laborieuse n'a pas seulement donné le jour à des ouvriers rompus aux grandes traditions et maîtres dans leur état. Elle a produit aussi des hommes dont le nom est connu :

Roland de la Platière, économiste, écrivain, ministre de l'intérieur en 1792 et 1793.

Etienne Mulsant, érudit et savant entomologiste. Bibliothécaire de la ville de Lyon de 1838 à 1880.

C'est enfin à Bourg de Thizy, au domaine de Curis, qu'est né, le 4 août 1824, Claudius Chervin, dit l'aîné.

Aussi loin qu'on remonte dans le passé, on trouve des Chervin à la tête et dans les premiers emplois des corporations des deux Thizy.

Les uns, en majeure partie, commerçants ou industriels, les autres notaires, médecins, tous hommes d'initiative à l'esprit ouvert, jouissant de l'estime et de la considération générale et alliés aux meilleures familles.

Survint la grande Révolution. Le premier maire élu de Thizy, aux élections municipales d'avril 1790, fut Claude Chervin, homme libéral, aux idées généreuses, émancipatrices, tout au progrès.

Son administration fut sage et heureuse; pendant quinze ans, il gouverna la Ville de Thizy à la satisfaction de tous.

Il était l'oncle de Claudius Chervin, le philanthrope qui nous occupe ici.

Le père de Claudius Chervin pratiquait l'industrie du blanchiment des tissus; et, suivant la méthode du temps, les cotonnades et les toiles étaient étendues sur le pré. Ce procédé, aussi vieux que le monde, est encore appliqué dans certaines régions. Il offre, sans doute, l'avantage de conserver au tissu toute sa force et surtout de ne lui faire perdre que très peu de son poids; mais il exige, malheureusement, un temps très long et nécessite une énorme main-d'œuvre. Il oblige, de plus, l'industriel à engager une grande partie de ses capitaux à l'achat de vastes terrains autour de ses établissements.

L'industrie du blanchiment des tissus traversait alors une crise terrible provoquée par la grande découverte de Berthollet substituant, au blanchiment sur le pré, le blanchiment au chlore.

La découverte de Berthollet n'avait pas encore pénétré dans les montagnes du Beaujolais parce que son application nécessitait des dépenses considérables que ne comportaient pas les faibles gains que donnait alors l'industrie du blanchiment. Mais, vers 1830, une blanchisserie au chlore se fonda à Chauffailles et détourna, à son profit, toute la clientèle de la région.

La blanchisserie du père de Chervin eut le sort de toutes

celles qui pratiquaient l'étendage sur le pré; elle succomba entraînant dans sa chute la fortune de la famille.

M. Chervin, le père, s'expatria. Il se rendit à Villefranche et eut le courage d'oublier qu'il avait été patron et d'entrer contremaître dans une usine de blanchiment, de teinture et d'apprêt, à l'atelier de l'Arc. Il ne voyait que ce moyen de gagner le pain de ses nombreux enfants. Claudius, l'aîné, qui avait douze ans, le suivit et fut admis comme apprenti dans le même atelier. Mais, que donnait-on à l'enfant? Quelques sous, pour des journées de treize heures.

La famille de l'honnête contremaître habitait la place du Collège; ce fut ce qui sauva le petit Claudius. A côté d'eux, s'élevaient les bâtiments de l'Ecole normale primaire d'instituteurs. Que n'eût-il pas donné pour aller s'asseoir dans ces classes où des maîtres habiles ouvraient les intelligences à la morale et au savoir! Le pauvre enfant savait à peine écrire ; mais il était intelligent et courageux. Il rôda si bien autour du sanctuaire qu'une petite porte s'ouvrit, un jour, pour lui. Le Directeur l'aperçut, le remarqua, l'appela ; et, d'une conversation première, conclut que, dans ce petit apprenti inculte, il y avait un homme d'avenir.

Un jour, le Directeur demanda résolûment au contremaître s'il voulait lui confier son fils pour en faire un instituteur?

Cette proposition fit bondir de joie tous les cœurs. Le père était trop sensé pour refuser; mais les ressources de la famille ne permettaient pas de faire le moindre sacrifice. Fallait-il donc renoncer à tout espoir?

Les bonnes relations que le père et le fils s'étaient créées dans la ville facilitèrent l'obtention d'une bourse, et, en 1840, le jeune Claudius entra, le cœur joyeux, dans cette Ecole normale, objet de ses rêves. Il ne tarda pas à s'y distinguer.

A sa sortie de l'Ecole normale de Villefranche, Claudius Chervin fut nommé, le 1ᵉʳ juin 1844, instituteur communal dans le joli village d'Albigny, sur les bords de la Saône. La commune avait à peine huit cents âmes ; c'était peu ; mais la position est charmante, sur les flancs du Mont d'Or lyonnais. Les habitants sont bons ; le pays est agréable et fertile ; de jolies villas, tournées au matin, vis-à-vis ce Franc-Lyonnais si connu des touristes, attirent, chaque année, les citadins de la ville voisine qui viennent y chercher l'air pur et le repos. Tout le groupe des habitations est dominé par un gros donjon de l'effet le plus pittoresque. Pas un voyageur descendant la Saône, pas un Lyonnais fuyant par le chemin de fer, qui n'admire ce tableau tout fait, comme si un artiste habile en eût tracé l'esquisse, organisé les décors et l'eût inondé de sa chaude couleur.

Claudius était trop bien doué pour ne pas apprécier ce riant pays ; mais il avait beau être poète, il eut cependant à se demander comment il y organiserait sa vie ? Le Paradis terrestre a certes beaucoup de bon et de beau, mais encore faut-il qu'on puisse y cueillir des fruits.

Le jeune instituteur fit son budget.

A cette époque, le traitement des instituteurs s'élevait à la somme énorme de deux cents francs par an.

On pouvait y joindre cinquante francs pour le secrétariat de la mairie. C'était un boni précieux.

Enfin, venait la contribution scolaire payée par les élèves ; Oh! celle-ci était plus élevée que tout le reste. En moyenne, l'instituteur pouvait compter sur la somme de six cents francs par an, tout compris.

Pour ne rien cacher, je dirai que, profitant de la bonne réputation qu'il s'était acquise dans sa commune, dès les premiers jours, Chervin occupait ses loisirs en donnant des leçons particulières qui lui étaient payées *de trois à cinq sous l'heure*. On voit qu'il pouvait vivre grassement !

Il faut ajouter que, par grâce particulière, le vieux château des seigneurs d'Albigny était donné comme résidence à l'instituteur qui pouvait choisir à son gré, dans ces ruines, la pièce qui lui conviendrait le mieux pour en faire son logement.

Après un examen attentif des lieux, Chervin arrêta son choix sur la salle d'honneur, située dans la grande tour carrée du château. Des nombreuses pièces de son seigneurial séjour, c'était de beaucoup la plus confortable ou plutôt la moins endommagée.

Qu'on se figure, en effet, une salle immense à laquelle on accédait par un étroit escalier de pierre pratiqué, en colimaçon, dans l'épaisseur des murs. De charmantes fenêtres aux encadrements finement sculptés qui manquaient de vitres pour la plupart. Mais ce léger inconvénient avait, on le comprend, le très grand avantage de laisser mieux voir le magnifique paysage de la vallée de la Saône, dont les flots argentés serpentaient à deux kilomètres, à peine.

Il n'y avait véritablement qu'une seule ombre à ce riant tableau : c'était la hauteur du plafond. En effet, la majeure partie du toit de la tour et le plafond de la salle s'étaient écroulés quelques siècles auparavant, laissant simplement les quatre murs debout.

A la vérité, on avait bien, depuis quelques années, bouché plus ou moins le trou béant du toit, mais on avait négligé de refaire les plafonds, si bien que la chambre à coucher de notre instituteur avait dans les dix mètres de hauteur. Comme on pense, avec cette hauteur de plafond et les vitres absentes, la pièce était fortement aérée.

C'est dans un petit coin de cette vaste salle que Chervin installa sa chambre à coucher.

A part l'ennui d'avoir, de temps en temps, un parapluie

ouvert sur son lit, pour se garantir des raffales de pluie que le vent chassait sous le toit, Chervin se trouvait fort bien.

Du reste, il n'habitait pas absolument seul dans cette pièce d'honneur. Sous les tuiles du toit qui lui tenait lieu de plafond, de nombreuses familles de chats-huants, tiercelets, et autres oiseaux chanteurs avaient élus domicile et tenaient compagnie à notre instituteur.

Tel était le logis, telle était la vie d'un instituteur, aux environs de Lyon, il y a une cinquantaine d'années. Mais cette vie allait se compliquer ; d'autres préoccupations allaient naître. C'est du château d'Albigny que devait partir l'immense notoriété du professeur ; c'est dans cette humble classe de petits paysans que devait naître un système dont l'application serait un véritable bienfait pour l'humanité.

*
* *

Parmi ses élèves, Claudius Chervin, devenu plus que jamais Chervin l'aîné, depuis qu'il avait, à sa suite, fait entrer trois de ses frères dans l'enseignement, Chervin l'aîné avait un jeune élève affligé d'un bégaiement des plus marqués. L'écolier était docile, appliqué, plein de zèle et d'ardeur ; mais à quoi servaient ses excellentes qualités, puisque la langue refusait de faire connaître les pensées et que la parole, pour être émise, demandait des efforts surhumains qui, le plus souvent, n'aboutissaient à rien de clair et de précis ?

Troublé des rires de ses camarades, éperdu de ne pouvoir se faire comprendre, découragé devant son triste avenir, l'enfant dépérissait. Chervin s'en émut et son cœur compatissant se demanda si on ne pourrait pas secourir le petit malheureux ? Cette idée le troublait, le faisait rêver et, à lui aussi, donnait les plus noirs soucis.

Il s'en ouvrit à un ami.

Cet ami vénéré, ce guide bienveillant était le vieux docteur

Duplat, délégué cantonal, médecin d'Albigny, praticien consommé, aussi honnête que savant et adoré dans le pays.

Dès l'arrivée de l'instituteur, il avait lu son homme sur sa figure, suivant l'expression imagée de Desbarroles, et avait été charmé de la droiture, de la bienveillance, de l'intelligence qu'il y avait découvertes. A l'œuvre, il eut bien vite vu qu'il ne s'était pas trompé. Les élèves s'étaient donnés à leur maître et les habitants du village avaient fait comme leurs enfants.

Charmé de cette nouvelle acquisition, le vieux docteur trouvait continuellement un prétexte de s'arrêter sur l'esplanade, au pied du vieux château, afin de donner un bonjour amical au maître en faisant sa tournée dans les environs. Celui-ci était ravi et fier de pareille affection, et bientôt le jeune homme et le vieillard furent inséparables, heureux de se délasser de leurs travaux dans les charmes d'une conversation où la morale, la science, la littérature, l'enseignement avaient une si large part qu'ils en faisaient presque tous les frais.

Assis sur un banc rustique, en face du magnifique spectacle qu'ils avaient sous les yeux ; gravissant les chemins qui grimpaient vers la montagne, ou suivant les sentiers qui descendaient vers la Saône, qui les eût vus, sans les connaître, les eût pris pour le père et le fils.

L'instituteur demanda au savant si on ne pourrait pas adoucir, sinon corriger l'infirmité du petit écolier ? Il y revint à plusieurs reprises ; mais, pour l'honneur de la science, l'oracle ne répondait pas ou répondait peu.

Loin de se laisser abattre, plus les réponses étaient obscures ou évasives, quand elles n'étaient pas décourageantes, et plus le vaillant professeur insistait pour avoir une solution.

Les hochements de tête n'étaient pas une monnaie de cours et le jeune homme revenait irrésistiblement à son sujet.

« — Je sais bien, lui dit un jour le vieillard, que des chirurgiens, tant en France qu'à l'étranger, ont essayé, il y a quelques années, de guérir le bégaiement au moyen d'opérations plus ou moins ingénieuses. Toutes leurs tentatives ont été vaines et sont aujourd'hui complètement abandonnées.

« Des médecins et même des professeurs, aussi entêtés que vous, ont poursuivi le même but par des procédés gymnastiques. Ils ont ressuscité le moyen si connu de Démosthène et mis des cailloux dans la bouche de leurs patients. Qu'ont-ils obtenu? Rien. Que n'a-t-on pas fait? On a essayé mille autres manières, mille autres engins. Le succès de l'orthopédie était là; ne pouvait-on pas suivre le même système d'éducation? Les médecins échouèrent comme les chirurgiens, et eux aussi abandonnèrent la partie.

« Faites comme eux, mon cher ami, et renoncez à un espoir qui ne se réalisera pas.

« Si vous voulez simplement vous occuper, ne perdez pas votre temps à fouiller nos bibliothèques; elles ne vous apprendraient rien. Cherchez vous-même; essayez; tâtonnez. Observez en quoi votre petit bègue diffère de ses camarades. Etudiez le fonctionnement normal des appareils de la voix.

« Vous échouerez sans doute, mais si, par impossible, vous réussissiez, quels bienfaits n'apporteriez-vous pas à l'humanité! »

Malgré son opinion formelle, ses idées et ses convictions, M. Duplat mit tous ses livres à la disposition du professeur. Celui-ci, aiguillonné par l'obstacle, ardent à le surmonter et animé par le but qu'il entrevoyait, se plongea dans la physiologie et l'anatomie, sans négliger d'étudier son élève auquel son cœur aimant s'était si vivement attaché.

Pendant deux ans, les essais se succédèrent, sans décourager le professeur. Il se sentait sur la voie et ne demandait qu'à persévérer. Il entrevoyait quelque chose, vaguement peut-être, mais le système prenait corps. Déjà, il était arrivé à sensiblement améliorer la prononciation de l'enfant; déjà il recevait les félicitations du docteur, lorsque, le 1er janvier 1847, il fut nommé instituteur communal à Lyon.

A Lyon, il se mit, de suite, en devoir de répondre à la confiance qu'on avait en lui. La charge était plus lourde qu'à son cher Albigny ; mais il avait l'expérience acquise et une indomptable volonté.

Le hasard voulut qu'il y eut encore un bègue, dans la nouvelle école, comme là-bas.

Ce fut pour le professeur une consolation et une joie. Il allait pouvoir appliquer sa méthode et perfectionner ses essais. Il se mit aussitôt à l'œuvre et, cette fois, il eut le bonheur de réussir parfaitement.

Il n'y avait pas à douter, le triomphe était complet. On vit l'enfant, on félicita le maître ; on acclama la découverte. Quels horizons ! Quel avenir !

Chervin se remit aux expériences, avec une ardeur qui tenait de la passion. Il voulait créer une règle, une méthode ; établir des principes et ne rien laisser au hasard dans son merveilleux enseignement.

Tout marchait d'ailleurs à souhait.

Cet immense labeur, neuf en tous points et sans précédents, fut couronné du plus entier succès. Les élèves accoururent et la renommée du professeur se répandit dans toute la région Lyonnaise.

Elle parvint aux oreilles du docteur Amédée Bonnet, le célèbre chirurgien, dont la haute intelligence et la sagacité n'étaient jamais restées étrangères à rien de ce qui pouvait intéresser la science et l'humanité.

Lui même, en 1841, avait essayé de combattre le bégaiement, au moyen d'une opération et il avait complètement échoué.

Trop fier pour être jaloux, trop grand pour ne pas admettre le génie chez les autres, il voulut se rendre compte personnellement de la méthode nouvelle. Il se rendit chez le jeune professeur, le vit, fut satisfait, admit sa supériorité et lui confia aussitôt deux sujets soigneusement choisis.

Chervin les guérit et le Docteur Bonnet le remercia par le billet suivant.

« — Je soussigné, professeur à l'Ecole de médecine de Lyon, certifie avoir adressé deux bègues à M. Chervin. Ces bègues, âgés l'un de douze ans, l'autre de vingt-cinq, ont été complètement guéris en dix jours de traitement. »

Que dire devant un pareil certificat signé d'un nom illustre, délivré par une des sommités de la science ? La lumière était faite ; elle brillait ; on ne pouvait plus la nier.

Ce fut là le premier parchemin nobiliaire de Chervin. Il devait en classer bien d'autres dans ses archives !

Mais l'administration universitaire de cette époque ne pouvait admettre qu'un instituteur s'élevât au-dessus de sa situation précaire.

Un prétexte pour le frapper fut bientôt trouvé. Il pensait mal.

L'Empire avait succédé depuis trop peu de temps à la seconde République pour se sentir solidement établi. On poursuivait avec activité, et en ennemis, les républicains de conviction, comme tous ceux qui ne courbaient pas suffisamment la tête sous le régime impérial. Or, Chervin avait accueilli avec enthousiasme les idées de liberté et de progrès proclamées par la Révolution de 1848.

Du reste, n'était-il pas le neveu de ce Noël Chervin, directeur du Collège de Thizy, qui avait protesté avec éclat contre le coup d'Etat, en 1852, ce qui lui avait valu d'être traîné en prison à Lyon, à pied, menottes aux mains. C'était une famille de républicains, il fallait sévir. On n'y manqua pas.

Un jour, le Recteur de l'Académie, qui était alors l'abbé Vincent, intima l'ordre à Chervin d'avoir à cesser tous ses travaux sur le bégaiement. Il avait le choix, il était libre ; il devait aussitôt se soumettre ou se retirer.

Avant de se résoudre, le malheureux instituteur courut chez

le docteur Amédée Bonnet, qui était devenu son protecteur et son ami.

Le célèbre chirurgien lyonnais, homme de cœur et de liberté, n'hésita pas longtemps.

Combien gagnez-vous par an? demanda-t-il à son visiteur.

— Dix huit cents francs... C'est peu pour un ménage...

Eh! je le sais. Continuez vos leçons et vos cours ; j'en fais mon affaire. Guérissez les bègues ; allez sans crainte. Si on vous destitue, c'est moi qui vous ferai une pension de cette somme. J'en prends l'engagement.

Chervin, confondu, ne trouvait pas de mots pour remercier. Il se voyait sauvé et le bonheur l'étouffait. Il se retira en balbutiant quelques paroles... Il savait que ce n'était point là une vaine promesse ; l'illustre chirurgien n'avait jamais manqué aux siennes et il était homme à tenir celle-ci.

Ce fut donc le cœur inondé de joie que Chervin rentra chez lui. Seulement, pour ne pas abuser d'une telle générosité, il s'effaça, courba la tête, mit une sourdine à ses succès et dissimula les guérisons qu'il obtenait.

Entre temps, il groupait ses collègues pour fonder la Société de secours mutuels des Instituteurs et Institutrices du Rhône.

Quelques années passèrent ainsi ; le nuage noir s'éloigna et les foudres universitaires ne frappèrent pas le coupable

Bien mieux, une réaction se fit peu à peu en sa faveur et le ciel finit pas se rasséréner tout à fait sur sa tête, Honte, justice ou changement de recteur, on eut l'air de l'oublier.

C'était un premier pas ; un second se fit bientôt.

A l'abbé Vincent avait succédé l'abbé Noirot, que remplaça, bien après, M. de la Saussaye, de l'Institut. Celui-ci était un esprit loyal, ouvert aux grandes choses. Sous sa direction, l'Académie revint de ses préventions et, loin de poursuivre le novateur, elle voulut se servir de ses précieux talents.

Le 2 octobre 1858, quoique l'Empire régnât toujours et que l'instituteur fût toujours l'homme d'autrefois, un arrêté du préfet du Rhône, rendu sur les propositions de M. Vivien, inspecteur d'Académie, désigna Chervin pour une délicate et importante mission.

Un autre novateur, M. le docteur Blanchet, médecin en chef de l'institution des sourds-muets de Paris, avait inauguré une nouvelle méthode d'enseignement pour les infortunés confiés à ses soins. Il s'agissait d'aller à Paris étudier ce système et l'appliquer en province, s'il réalisait les avantages qu'on lui attribuait.

Le but du Dr Blanchet était d'ouvrir les portes de l'École primaire aux malheureux sourds-muets trop délaissés, et par là, rendre leur éducation plus facile, plus pratique, par le contact journalier avec les entendants-parlants.

A Paris, comme en province, Chervin se fit remarquer par un zèle, un dévouement, un tact hors ligne. Il fut donc bien vite sympathique au docteur Blanchet qui en fit son collaborateur privilégié, son homme de confiance et son ami.

Bien au courant de la méthode, il revint à Lyon.

Restait l'application.

Il découvrit deux sourds-muets, un garçon et une fille, dont il s'empara et, après huit ans d'efforts, de patience et de dévouement, il leur apprit complètement à parler.

Ajoutons comme trait aussi beau que rare, que, pour le premier, qui manquait de tout, leçons, répétitions et souvent nourriture et vêtements furent à la charge du professeur.

Mais le résultat fût merveilleux. Les deux petits muets d'autrefois savaient lire, écrire et compter. Ils parlaient, se faisaient comprendre ; lisaient la parole sur les lèvres et se trouvaient rendus à l'existence commune, dont ils semblaient à jamais séparés.

La Société protectrice des sourds-muets de Paris épuisa en faveur de Chervin toutes les récompenses dont elle pouvait disposer. Elle rêvait même de mettre ce zélé professeur à la tête d'une institution importante, mais la mort du docteur Blanchet vint arrêter tous ces projets.

*
* *

Chervin revint à sa passion première, aux bègues.

Cette fois, il fut soutenu, par ceux-là même qui l'avaient jadis le plus combattu. Les rapports officiels favorables à sa méthode de traitement du bégaiement affluaient de toute part.

En 1867, sur les pressantes instances de Victor Duruy qui a laissé une trace si profonde dans la rénovation de l'instruction publique, Chervin quitta sa modeste école communale de Lyon et vint fonder l'Institut des Bègues de Paris, avec le concours du Gouvernement.

Mais si on jette un regard en arrière, de quel étonnement n'est-on pas frappé en voyant le chemin parcouru ! Que de veilles, de pensées, d'observations sagaces, d'intelligence, de volonté n'a-t-il pas fallu pour arriver à ce résultat merveilleux !

Après vingt années d'un labeur opiniâtre, d'une énergique persévérance qu'aucun sacrifice n'avait pu arrêter, Chervin recevait enfin la récompense de sa courageuse initiative. Son œuvre était fondée ; elle était officiellement reconnue ; sa méthode approuvée. Il allait maintenant pouvoir marcher d'un pas ferme et assuré.

Dès lors, la route est toute tracée ; le succès partout accompagne les pas de Chervin.

Le petit apprenti de l'atelier de l'Arc, à Villefranche, est devenu quelqu'un. Il tient son rang dans la grande Capitale. Malgré cela, il est demeuré simple, bon, charitable et c'est toujours avec une douce émotion qu'il vient, de temps en temps, passer quelques jours de repos dans ses chères montagnes de Thizy.

Mais l'âge de la retraite sonna. Après quarante années d'apostolat, Chervin céda, en 1878, la direction de l'Institut des Bègues de Paris à son fils, le docteur Arthur Chervin et à son frère Amédée Chervin, qui étaient depuis longtemps ses collaborateurs dévoués.

Chervin n'était pas de ceux qui peuvent se résigner à l'inactivité tant qu'il leur reste quelque force. Pendant plusieurs années, on le vit encore prendre une large part à la marche de son cher *Institut des Bègues de Paris*, faisant profiter ses dignes successeurs de son expérience et de sa sagacité.

Puis la mort vient assombrir cette laborieuse maison, et le 23 décembre 1896, Chervin mourait à Paris, dans les bras des siens éplorés.

***

Cette vie toute entière consacrée au travail, à la charité, au soulagement des déshérités de la parole est un enseignement qu'il ne faut pas laisser perdre.

Il est bon, il est réconfortant, de montrer que tous les sentiers qui mènent à l'immortalité ne traversent pas un champ de bataille.

A la vérité, tous sont arides et rocailleux. Mais quand le voyageur a touché le but, qu'il est arrivé au repos du soir, il est souvent le premier surpris des hommages qui l'environnent, des bravos qui l'accueillent et des honneurs qui lui sont rendus.

Qu'a-t-il donc fait pour les mériter ?

Cette surprise fut bien celle de l'homme qui nous occupe ; cet étonnement peint le philanthrope aimable et sympathique, aussi modeste que doux, aussi dévoué que bienveillant, qui, sorti des plus humbles sphères, ne cherchant qu'à être utile, s'est trouvé peu à peu, et sans presque s'en apercevoir, porté à la célébrité.

Qu'ont fait, avant lui, l'abbé de l'Epée, Valentin Haüy, Vincent-de-Paul, Oberlin, Pestalozzi, Jenner et tant d'autres dont les noms brillent d'un si sublime éclat ? Ont-ils gagné des batailles ? découvert des continents, écrit l'*Odyssée*, bâti l'Acropole ou peint la *Transfiguration* ?

Non, certes.

Ils ont simplement aimé les petits, protégé les faibles, instruit, soulagé, consolé l'humanité.

Ils ont vécu dans la foule, inconnus, oubliés, parfois dédaignés, jusqu'au jour où l'estime s'est imposée, puis l'admiration, puis la gloire.

Aujourd'hui, à ces ignorés, les peuples érigent des monuments ; à ces humbles, on tresse d'immortelles couronnes et les villes se glorifient d'avoir abrité leur berceau.

TOURS, IMPRIMERIE PAUL BOUSREZ.

www.ingramcontent.com/pod-product-compliance
Ingram Content Group UK Ltd.
Pitfield, Milton Keynes, MK11 3LW, UK
UKHW022251070726
13613UKWH00005B/2233